आँच

[कविता-संग्रह]

सुमिता कुमारी

मंत्रिमंडल सचिवालय (राजभाषा) विभाग, बिहार के अंशानुदान से प्रकाशित

ISBN : 978-81-19092-15-4

आँच

पहला संस्करण : 2023

मूल्य : ₹395

प्रकाशक

राधाकृष्ण प्रकाशन प्राइवेट लिमिटेड
जी-17, जगतपुरी, दिल्ली-110 051

शाखाएँ : अशोक राजपथ, साइंस कॉलेज के सामने, पटना-800 006
पहली मंज़िल, दरबारी बिल्डिंग, महात्मा गांधी मार्ग, प्रयागराज-211 001

वेबसाइट : www.radhakrishnaprakashan.com
ई-मेल : info@radhakrishnaprakashan.com

मुद्रक

बी.के. ऑफ़सेट
नवीन शाहदरा, दिल्ली-110 032

AANCH
Poems by Sumita Kumari

जीवन की उन तमाम चोटों-तकलीफों-विसंगतियों के नाम
जिन्हें कभी भुलाया न जा सका...

भूमिका

धीमी-धीमी सुलगती आँच है यह संग्रह—सुमिता कुमारी का पहला संचयन जो प्रकाशित होने जा रहा है। यह भड़कीली ज्वाला जिसे हम स्थानीय भाषा में 'धधक' कहते हैं, *नहीं है जो भभककर जले और फिर बुझ जाए, बच जाए मात्र राख।* कविता की मात्रा, छन्द, लय की विशेषज्ञ न रहने के कारण उस पर कुछ न कह सकूँगी परन्तु भाव, भाषा और संवेदना समझ पाती हूँ। गाँव की विकासोन्मुख स्त्रियों की वंचना की बात करती ये कविताएँ निराश भाव की नहीं हैं, ये आशा जगाती हैं—

कादो में औंधे मुँह झुकी स्त्रियाँ
मानो धरती के सीने में गाड़ती जा रही हों
विजय-पताकाएँ (धान रोपती स्त्रियाँ)

गाँव में फिरने वाले जोगी को अक्सर बच्चों का उठाईगीर समझ लिया जाता है जबकि वह मित्र या शत्रु नहीं। यहाँ कवि ने सारंगी वाले का पक्ष लिया है। नारी की चिन्ता ज़रूर है परन्तु आधुनिक संसार के अनुसार निराशा से विरत है। यहाँ सशक्त होती नारी है, जैसे 'अपराजिता', क्षमा करती माँ है जैसे 'आस्था' में। यहाँ नारी पूर्णतया निर्ग्रन्थ है, निर्लिप्त है, बिना किसी घोषणा के जैन है, बौद्ध है। बिना फतवेबाजी के अव्यक्त अनुयायी है। दुनिया भर की स्त्रियाँ यह करती हैं—

घर के पुरुषों को पहले खिलाकर
बाद में बचा हुआ खाने वाली
सबके निश्चिन्त सो जाने पर ताले-कुंडी को
देखकर आश्वस्त होने वाली
घर की सुख-समृद्धि के लिए... (यक्ष प्रश्न)

यक्ष प्रश्न यह है कि ऐसी निर्लिप्त स्त्री भी असहनीय क्यों है? भाँति-भाँति की संज्ञा से विभूषित होकर भी सम्मान से वंचित क्यों हैं स्त्रियाँ, जिनके बिना प्रकृति का कारोबार भी नहीं चलता। प्रश्न का उत्तर अनसुलझा नहीं रहता—

हाँ, स्त्री किताब ही तो है
जो सैकड़ों हाथों से गुजरती
तलाशती है सुधी पाठक
जैसे सारे रिश्तों के बीच
स्त्री को दरकार होती है
आत्मीय रिश्ते की... (किताब)

यह नवोदित कवि अनुभव से पूरमपूर है। इसकी कविताओं में काव्य सौष्ठव है, मँजे हुए भाव हैं। इसके हाथों में सुनहरी-रुपहली कलम है। उसकी सृजन-यात्रा निरंतर चलती रहे। मैं हिन्दी की दुनिया की एक सजग कवि का स्वागत करती हर्षातुर हूँ। खूब आगे जाओ।

—उषाकिरण खान

क्रम

आँच

माँ समझाती
घुमा लेनी चाहिए
सूरज की तरफ पीठ
जब तीखी किरणें
झुलसाने लगे चेहरा
नेव जाने से कोई छोटा नहीं हो जाता
बात को जितना दिया जाए ताव
बिगड़ती ही जाती है
बेटी!
गरमी से नहीं हल होतीं समस्याएँ
औरतों के लिए उचित है
थोड़ा पीछे हट जाना।

यही तो करती थी वह
हर रोज़
खींच लेती थी चूल्हे से
इससे पहले कि गिरने लगे लकड़ियाँ
माड़ के साथ भात
खदकते-खदकते।

नहीं किया उसने कभी
ज़्यादतियों का विरोध
शाकाहारी होते हुए भी

भूनती रही माछ
हँसकर परोसा सबको
यह माँ ही जानती है
हँसी होंठों की है या आत्मा की
लेकिन उस रात
माँ को कभी खाते नहीं देखा।

स्त्रियाँ
जान पड़ती हैं
उस शक्तिशाली जीव की तरह
जिसे मनोवैज्ञानिक तरीक़े से
कर दिया जाता है क़ैद
पेड़ों को जड़ों से उखाड़ने वाला जीव
तोड़ नहीं पाता मामूली रस्सी
सर्वगुण-सम्पन्न स्त्रियाँ भी
कहाँ तोड़ पाती हैं ताउम्र
परम्पराओं और संस्कारों वाली
अनगिन जंजीरें।

स्त्रियो!
सुन लेना
माँ की नसीहतें
मगर परखना उन्हें ज़रूर
अपने विवेक से
भले ही मत गिरने देना
चूल्हे पर भात
ज़रूरत हो तो बदल देना बरतन
मगर मत खींचना आँच!

बेमौसम बरसात

एक

इस बार बारिश हो रही है
अदरा से पहले
तैयार नहीं हुए हैं बिचड़े
कहीं गल ही न जाएँ बीज
जैसे गल गई है
खेतों में लगी
मूँग की फसल।

इधर ख़ुश हैं सरकारें
बरस गया है आधा मानसून
इन्द्रदेव ने कृपा की है!

दो

बेमौसम की बारिश
अच्छी लगती है
तब तक
जब तक चिन्ता न हो
सूखती बड़ियों
छत पर रखे अचारों

अरगनी के कपड़ों
और धोकर पसारे हुए गेहूँ की।

मैंने माँ को अक्सर
बेमौसम बादलों को
गरियाते ही सुना है!

तीन

बिजली के चमकते
चमकने लगती हैं
अन्नदाता की सूनी आँखें
जो सूखते बिचड़ों को
जिलाने के लिए
बेचकर लौटे हैं गेहूँ
ताकि उगा सकें धान।

चार

बकरियों का पगहा[1] पकड़े
दौड़ती लड़की
छुप जाती है गाँज[2] में
और आँखें बन्द किए
जोर-जोर से चिल्लाती है—
घाम[3] उगल हे
बुनी[4] पडीत[5] हे

---

1. रस्सी
2. पुआल का ढेर
3. धूप
4. बारिश
5. पड़ना

चील कउआ के
बियाह होइत हे

बाबा से सुना है उसने
ऐसा सुनकर
रुक जाती है
बकरखेदवा[1] बुनी।

पाँच

पहली फुहारों संग
एकाकार हो उठती माँ की चिताएँ
नहीं भीगते पहली बारिश में
बीमार कर देती है यह।

भीगना
पहली बारिश का हो
या पहली नजर का
बीमार कर देता है!

---

1. बकरी को खदेड़ने वाला

धान रोपती स्त्रियाँ

एक

धान रोपती स्त्रियाँ
सोहरकर[1] नहीं लगातीं धरती को गोड़[2]
इन्द्रदेव को ख़ुश करने के लिए
नहीं गातीं मेघों के गीत
और न चला पाती हैं
अपने हाथों को तेज़।

ये स्त्रियाँ
धरती में रोप रही होती हैं
अपनी ग़रीबी
कमर का दर्द
बेतरह बहता पसीना
और कट जाने को तैयार
मिट्टी खाई बीसों अँगुलियाँ

---

1. झुक कर
2. पैर

दो

चिलचिलाती धूप में
घाघरे की तरह कमर में बाँधकर साड़ी
कादो[1] में औंधे मुँह झुकी स्त्रियाँ
बड़े जतन से खोंसती जाती हैं एक-एक बिचड़ा
मानो धरती के सीने में गाड़ती जा रही हों
विजय-पताकाएँ!

धूप, बारिश, गर्मी से लड़कर
भेदती हुई भूख का किला
मौसमी गीतों से
छेड़कर जय-नाद
उगा रही हैं
मिट्टी में अपना भाग्य!

---

1. कीचड़

सारंगी वाला

प्रारम्भ से ही रचा जाता रहा है व्यूह
रोने और चुप कराने वालों के बीच।

आ ही जाता वह बूढ़ा जोगी
हर तीसरे-चौथे दिन
कन्धे पर कपड़े की लम्बी झोलीनुमा गठरी
और खपच्चियों से बना
बड़ा-सा बाजा लिये।

घुटने तक के ढीले कुरते
और गन्दी धोती वाला बूढ़ा
गाँव के बच्चों के लिए
बना हुआ था पनौती
जिसके कहीं दूर चले जाने
या अन्धे हो जाने की
हम किया करते थे दुआएँ!

जब दूर से ही सारंगी पर
आने लगतीं
बच्चों के रोने की
दर्दनाक धुनें
भरथरी-गोपीचन्द वाले

गुदरिया ए माई जैसे
डरावने निर्गुण गीत
कल्पना कर सिहर जाते हम
गठरी में
ग़ायब हुए बच्चों की तस्वीर।

माँ की साड़ी से लिपटे हम
मिच-मिचा कर बन्द करते आँखें
जब तक बन्द न हो जाती
सारंगी की डरावनी धुन।

समझ नहीं आता ये बूढ़ा
बार-बार आता क्यूँ है
और बच्चों से इतना प्यार करने वाली माँएँ
बूढ़े से बतियाती क्यूँ हैं
हम निष्कर्ष निकालते
शायद इसलिए
कि बूढ़ा चुन-चुन कर ले जाता है
अपने बड़े से झोले में
जिद्दी और पिलपिले बच्चे
उस दिन *दुवारिक चाचा* भी मुनिया से
कुछ यही तो कह रहे थे।

डर रहता
कि झोले में कसकर ले न जाए बूढ़ा
हमें भी कहीं
जोगी का क्या भरोसा
कोई घर तो है नहीं
कैसे ढूँढ़ पाएगी अम्मा।

इस डर ने हमें नियंत्रित रखा
उसकी अनुपस्थिति में भी।

ख़ैर!
सुनी गई दुआ
जोगी चला गया
हमेशा के लिए गाँव से
टाँगकर पुराने पीपल में
अपना रहस्यमयी झोला।

असली दुःख तो तब हुआ
जब पता चला
झोले में कोई बच्चा नहीं
भरे पड़े हैं
टॉफियाँ और खिलौने
जिसे देकर चुप कराता था बूढ़ा
रोते और पिलपिले बच्चे।

भ्रम

सुबह-शाम छत पर
हाथ में बड़ा-सा फ़ोन लिये
किसी से धीरे-धीरे
घंटों बतियाती है
कभी बनावटी ग़ुस्सा
कभी अनगिन शिकायतें
तो कभी ख़ूब ज़ोर से
खिलखिलाती है लड़की।

बाएँ हाथ से तोड़ती कभी
छत से लताएँ
कभी सूखे कपड़ों को भी
यूँ ही पलट आती है
वहीं बालू के ढेर पर लेटी
फेंकती कंकड़ियाँ
ताकती है आसमान
तो कभी किसी की आहट पाकर
सिमट जाती है लड़की।

कितना सुन्दर है सब कुछ
जैसे मुट्ठी में हो दुनिया
प्रेम के मधुरतम रूप सजाती

कल्पनाओं में गहरे रंग भरती
भ्रम में है लड़की।

भावी पति के
प्रेम में है लड़की!

आवारा

कभी-कभी हवा भी
चुपके से कानों में कह जाती है
आवारा
सुना होगा उसने
गाँव की बुढ़ियों को बतियाते
कानाफूसी करते।

धनेसर की बहुरिया
नहीं मानती पति को परमेश्वर
कहती है
गाड़ी का दूसरा पहिया है वह
नहीं पुकारा जाना पसन्द है उसे
मनोहर की अम्मा
सबकी जुबाँ पर
अपना नाम चाहती है
सास-ससुर से मनवाना चाहती है
खुद को बेटी
घर के फैसलों में
रखना चाहती है दखल।

उसी दिन तो
गाँव आए कलक्टर से कैसे भिड़ गई

सड़क, पानी और बिजली के नाम पर
सैकड़ों की भीड़ और मुस्टंडे पुलिस वाले
ताकते थे कैसे टुकुर-टुकुर
हमने तो जीवन बिता दिया बहिन
बेपरद तो देखा नहीं किसी ने
कैसे देखते
हम एम.ए.-बी.ए. थोड़े ही थे!

आवारा, महज़ शब्द नहीं
आवाज़ है मुक्ति का
विद्रोह है
अर्ध-विक्षिप्त व्यवस्था से
अन्ध-विश्वासी समाज से
इसलिए स्वीकार्य नहीं शायद सभ्य समाज को
स्त्रियों के लिए तो बिलकुल भी नहीं!

मायका

अलसाए चाँद को धकियाते
ताज़गी की तरावट लिये
जब सूरज बिछाने लगता है
अपनी रेशमी डोरे वाली
सुनहरी चादर
जब धूप का टुकड़ा
ढकने लगता है चेहरा
वह कुनमुनाती है
पैरों को सिकोड़ कर
थोड़ी और गोल हो जाती है।

तभी चुहानी घर में
रात के जूठे बरतनों को
माँजकर सरियाती अम्मा
बार-बार लगाती है आवाज़ें
'फुला गया दसबजिया[1]
लेकिन फुल्लो रानी नहीं खिली अब तक'

बेटी सुनती है
गुनती है

---

1. दस बजे खिलने वाला फूल

माँ के गुस्से वाला प्यार
और कड़े शब्दों की मृदुलता
फिर थोड़ी अलसाई
थोड़ी बिखरी-सी
आकर लिपट जाती है
बुदबुदाती माँ से।

माँ
खूब समझती है मायका
और माँ के घर में होना
कुँवारी बेटियाँ
माँ पुलक कर रखती है स्नेह भरा हाथ
बेटी के सिर पर
और पुचकार कर कहती है
मायका है
राज कर ले लाली।

तभी
देहरी से खखारते हुए
आने लगती है तीखी आवाज़
'नौ बज गए
नहीं लगाई लुकाई[1] अब तक'
और माँ
हड़बड़ा कर काटने लगती है तरकारी।

---

1. चूल्हा जलाने के लिए उपले/लकड़ी सुलगाना।

प्रायश्चित्त

परखच्चे उड़ गए शरीर के
एकमात्र सलामत बच गए
जूतों से पहचाना गया था उसे
जिसे हाथों में पकड़े पिता
फफक पड़े थे बेतहाशा।

तीन दिन पहले ही
मँगवाए थे उसने
ऑनलाइन जूते
पहनकर इतराते फिरा था घर-भर में
50 प्रतिशत की छूट चल रही है ब्रांडेड जूतों पर
इसलिए ख़रींद ली
पिताजी को डाँटना हैं डाँटें।

ग़ुस्से में पिता ने फेंक ही तो दिए थे जूते
खदेड़ दिया था उसे घर से दालान तक गरियाते
तीन जोड़ी सलामत पड़े हैं
घर चलाना मुश्किल है
और छूट के नाम पर फ़िज़ूलख़र्ची करते हैं नवाबजादे।

आज उन्हीं जूतों को सीने से लगाए
बुत बने पिता

ताकते हैं आकाश
जैसे दिखा कर उसके पसन्द की स्वीकार्यता
कर रहे हों प्रायश्चित्त
लौट आओ मेरे बेटे!
ऐसी ग़लती न होगी दोबारा।

पापा सँभाल कर रखना

पापा सँभाल कर रखना
वह गुड़िया
जिसे बनाया था मैंने
रंग-बिरंगी कतरनों से
जिसकी आँखें देखकर
सबने मेरी कारीगरी की तारीफ़ की थी
मैंने दोमुँहे बाल कटवाए थे
गुड़िया की चोटी के लिए
जिसके मटमैले लहँगे पर
टाँके थे सितारे
पड़ोसन के फेंके ब्लाउज से उतार कर
जिसे पहनाए थे जूते
सिगरेट के बेकार पैकेटों से
चमकने वाले काग़ज़ को निकाल कर
पापा उसे सँभाल कर रखना।

जब आऊँ लौट कर
छोटकू के लिए नाव की छाप वाले
कुर्ते का पैसा लेकर
छुटकी के लिए नई चप्पलें लेकर
घर में दोनों साँझ चूल्हा जलने की व्यवस्था
और तेज़ धौंकनी संग

तिल-तिल मरती माँ को
भरपेट खाना खिलाने
तेरे कमज़ोर कन्धे से
ढहते, गिरवी घर के बोझ की
साझेदारी करने
पापा तब तक उसे सँभाल कर रखना।

रत्ती-भर चिन्ता न करना
मौका न भेजूँगी कोई
शिकायत का
सुबह पाँच बजे से पहर रात तक
करती हूँ सबकी ख़िदमत
दौड़ती रहती हूँ लगातार
माँ की धौंकनी की तरह
पीड़ा भूल जाती हूँ
अपनों तक लौटने की सोच कर।

ख़ैर!
मेरी गुड़िया
उसका लहँगा
गंदा हो तो रहने देना
आकर उनको धोऊँगी मैं
फिर से तारे चमक उठेंगे।

वह स्त्री

[माँ, श्रीमती उर्मिला देवी के लिए]

चिमटे से उपलों को आग के हवाले करती
धुआँ करती गीली लकड़ी को
धीरे से उकसाती
भीषण गर्मी में भी
तन्मयता से रोटियाँ सेंकती
बड़ी कारीगरी से सहेजती है
एक-एक रोटी।

कत्थई मलिन साड़ी में
पसीने से लथपथ
वह साँवली-सी स्त्री
माथे की लटों को आटा सने हाथों से हटाती
पीठ पर बिखर आए लम्बे बालों को
बेतरतीब लपेटकर जूड़ा बनाती
पाँच मैले-कुचैले बच्चों से घिरी
बनी हुई है उनकी
उत्सुकता का केन्द्र।

बच्चे भी हो रहे हैं
माँ की तरह पसीने से लथपथ
लगातार करते हैं चुहल

बच्चों को खेलने जाने को कहती स्त्री
भाँप कर उनका मन
उठा कर नमक-तेल का डब्बा
रगड़ कर एक-एक रोटी
पकड़ाती है उन्हें
और लपक कर अपना हिस्सा
बच्चे होते हैं वहाँ से फुर्र।

मुस्कुराती स्त्री तन्मयता से
पकाने लगती है रोटियाँ
गुनगुनाती है ब्याह के गँवई गीत
आँखों में उभरने लगते हैं अतीत के चलचित्र
गाते-गाते गीत कुछ याद कर मुस्कुरा पड़ती है
चेहरा सुर्ख़ होने लगता है
शोख़-सी आँखें
थोड़ी और लजा जाती हैं।

न शिकवा किसी से
न किसी से शिकायत
विकट स्थितियों में सन्तुष्ट
चेहरे पर अद्भुत आभा लिये
स्मृतियों में बसी
वह दुनिया की सबसे सुन्दर स्त्री है!

परिधि

मज़ाक़ में कह देता
स्त्रियाँ चौके से निकलीं
तो आँगन तक गईं
और थोड़ी अकल हुई
तो गईं दालान तक
यही है इनकी परिधि
जिसमें गुजार देती हैं जीवन।

बिफरकर तुम
ताकती मेरी तरफ़
जैसे बच्चे की एक ही ग़लती को
बार-बार सुधारते
थक गई माँ
बिफरती है
और बच्चा ढिठाई से
दुहराता जाता है गलतियाँ।

अनसुनी कर मेरी बातें
तुम लग जाती काम में अक्सर
ड्योढ़ी के जाले को
कपड़े बँधी डंडे से

उतारती उसी सफ़ाई से तुम
जैसे साड़ी बाँधती हो लपेटकर
अपनी कमर में
बिना सिलवट
जब धोने जाती हो कपड़े
या बना रही होती रसोई।

तुम्हारे रहते
पता न चला कभी
कि किस सब्ज़ी में लगते हैं
कौन से मसाले
कैसे कम उठता है
बिजली का मीटर
किस दिन बच्चों को चाहिए
कौन-सी यूनिफ़ॉर्म
और माँ की दवाइयाँ
कब ख़त्म हुई
कब मँगवाई तुमने।

ऐसे दर्जनों काम हैं
जो अब समझाते हैं मुझे
तुम्हारी परिधि!

तुम्हारे गणित के जोड़
बीस उतरने लगे हैं
मेरे अकाउंट की
भारी-भरकम डिग्रियों पर
तुम्हारी सरल घरेलू-व्यवस्था
अच्छी लगने लगी है
मेरी स्व-घोषित
बेहतरीन व्यवस्था पर

और तुम्हारे जाते
उन कामों को तुच्छ कहने वाला मैं
पूरा न कर पाया कभी
तुम्हारी
वह परिधि भी।

परिधान

दुविधा में हैं कवि
और असुविधा में बच्चे
कि माँओं ने भी बदल दिए हैं
पुराने ट्रेंड।

बच्चे
पकड़ नहीं पा रहे
ममता-भरा आँचल
उनके हिस्से
नहीं आ रहा
वह पीड़ाहारी छाँव
जिसमें समा जाता था बचपन।

हाथ आता है अब
सलवार कुर्ते का कोना
या कभी जीन्स टॉप का बटन
या केवल
नाइटी का फीता।

मातृत्व और स्नेह
मोहताज नहीं
किसी परिधान का

मगर आज ख़तरे में है
'ममता की छाँव' वाली
कवियों की उपमाएँ
और आँचल के भीतर से हुलकते
बच्चों की अठखेलियाँ!

उचकुन

वह फुसफुसाने लगती रोज़
जब पहुँचती
स्कूल के रास्ते में पड़ने वाले
उस ठूँठ बेल के पास।

ज़ोर से पकड़ कर मेरा हाथ
कहती
सुनो, किसी से न कहना
कि इस बेल पर रहता है भूत
जो बदल लेता है अपना रूप
इच्छाधारी नाग की तरह!

देखो, कैसे ठूँठ पेड़ में भी लटके हैं
ढेर सारे बेल
ग़लती से भी तोड़कर ले जाए कोई
दादी कहती है
निश्चित है समूल नाश उसका
और मैं इसे सच मान लेती।

ठीक उसी तरह
जिस तरह
माँ कहती है कि

उचकुन होती है औरत
रोज़ लगती है चूल्हे पर
जलकर काली पड़ जाती है लपटों से
किसी से नहीं कहती अपना दर्द।

आग के बुझते ही
जो ठंडी पड़ने लग जाती है
और लीप-पोत कर जिसे
तैयार किया जाता है
फिर से उचकुन बनाने के लिए
यह तब तक चलता रहता है
जब तक पूरी तरह मिट न जाए
अस्तित्व उसका।

माँ कहती फिर
सुन लाली!
किसी से न कहना
कोई बाँट नहीं सकता दुःख तुम्हारा
इनसे तो जीवन-भर का नाता है
जो सहता है
सो लहता है।

और एक अच्छी बेटी की तरह
मैंने किसी से कुछ नहीं कहा
जैसे एक अच्छी सहेली ने
किसी को नहीं बताया—
उस ठूँठ बेल पर भूत रहता है!

भाग्य

दहेज कम कराने के लिए
गिड़गिड़ा कर
तीन बार बैरंग लौटा बिरजू
चौथी बार
पोखर की ज़मीन बेचकर
फतह कर ही लेता है क़िला।

इतराकर कहता फिरता है गाँव-जवार में—
'कमली का भभीता जुड़ा था उस घर से
कहीं और कैसे जाती
कई बार लौट भी आए हम
लेकिन भागी खींच ले गई वहीं'

बेटियों के लिए माँ-बाप
ढूँढ़ते हैं सर्वश्रेष्ठ रिश्ते
पर कटु सत्य यह है
कि बेटी की ख़ुशियों से बड़ी हो जाती है
सामाजिक मान-प्रतिष्ठा
जिसे स्थापित रखने के लिए
धन-दौलत लुटा कर
मजबूरियाँ गिना कर
मान ली जाती है

कर्तव्यों की इतिश्री।

उन्हें घुट्टी की तरह पिला दिया जाता है
कि उनके दु:ख-सुख का
आधार है
सिर्फ़ उनका भाग्य।

मुँडेर से कमली को असीसती स्त्रियाँ
गाती रहीं विदाई गीत—
'महलों का राजा मिला कि रानी बेटी राज करेगी'

खोईछा में सबकी नसीहतें सहेजकर
भाग्य को जीवन का आधार मान
चल पड़ी वह धीरे-धीरे
निर्धारित भविष्य की ओर...

विस्मित नेत्रों से
माँ को ताकती
कमली की लाश से चिपकी बेटी
इतना ही जानती है
कि माँ नहीं दे रही थी
दारू के लिए रुपये
बापू के बार-बार माँगने पर भी।

उसके बाद तो
कुछ भी नहीं देख पाई वह
बन्द हो गए किवाड़
बस सुनाई देती रही
बापू की भद्दी गालियाँ
लात-घूँसे चलने की आवाज़ें
माँ की दहलाने वाली चीख़ें।

जाने कब सो गई वह
वहीं दरवाज़े पर
सुबकते-सुबकते।

पैसा-लालच-मान-प्रतिष्ठा से लेकर
चुनरी और कफ़न तक का
सफ़र तय करने वाली कमली जैसी कितनी ही स्त्रियाँ
जीवन भर तोड़ ही नहीं पातीं यह कुचक्र
स्वीकारती हैं अपने सहज तर्कों से
भाग्य का लिखा भी कोई बदल पाया है भला!

निरीक्षण

निरीक्षण की सूचना से
उत्साहित हैं बच्चे
मगर सशंकित हैं गुरुजी
सब कुछ ठीक होने के बावजूद।

साहब के कक्षा में प्रवेश करते
हड़बड़ाकर खड़े हो जाते हैं गुरुजी
और गुरुजी को खड़े होते देख
सहमकर खड़े हो जाते हैं
सारे बच्चे।

कातर नेत्रों से साहब को देखती
सहसा चुप हो जाती है
कोने में खड़ी लड़की
जो तोतली बोली में
सुना रही होती है कविता—
"मैया मोली मैं नहीं माथन थायो
भोल भई दइयन ते पिथे
मधुबन मोहे पथायो
मैया मोली..."

अन्वेषी नज़र से

बच्चों को देखते साहब
जाकर बैठ जाते हैं उसी कोने में
खींचकर कुर्सी
जहाँ बच्ची सुना रही होती है
कविता।

डरी हुई बच्ची के सिर पर
फेर कर हाथ
साहब बोल उठते हैं—
"बोलो बेता फिल तिथने माथन थायो"

विस्मित नेत्रों से ताकती लड़की
मुस्कुरा पड़ती है अनायास
हँस पड़ते हैं साहब
और खिलखिलाने लगते हैं बच्चे।

ट्रांसफर

मीटिंग हॉल भरा है आज भी
हमेशा की तरह
हर तरफ लोग-ही-लोग
कोई अपनी फाइलें सँभाल रहा
कोई रिपोर्ट
कुछ बॉस का टास्क
पूरा न होने से विचलित हैं
तो कुछ सब कुछ भूल कर
हँसी-मज़ाक़ में मशगूल
मैं चुपचाप ढूँढ़ता तुम्हें
खोया तेरी यादों में
निहारता कभी शून्य में
कभी उस कुर्सी को
जिस पर बैठा करती थी तुम
अक्सर।

वही कुर्सी
वही हॉल
लेकिन तुम्हारा न होना
स्वीकार नहीं पा रहा मन
बेचैन मैं
ताकता उसी कुर्सी को

जिस पर बैठा है जाने कौन
तुम नहीं हो
जब असहजता सँभाल नहीं पाता
झट से बढ़ जाता हूँ टॉयलेट की तरफ़।

तुम्हारे दिख जाने की उम्मीद से
खँगाल डालता था अपना वार्डरोब
पहनने को तुम्हारे पसन्द के कपड़े
जल्दी पहुँचता
ताकि मिल सके
सामने की कुर्सी
तुम्हारे हाथ में फ़ोन देखते
चेक करता अपना इनबॉक्स
और तुम्हारा मैसेज कि—
"पोंछ लो पसीना
अभी तो आए भी नहीं साहब
वैसे अच्छे दिख रहे हो
नीली शर्ट में"
बड़ी मुश्किल से सँभाल पाता
अपनी हँसी।

ट्रांसफर अनिवार्य प्रक्रिया है
लेकिन
मन स्वीकार नहीं करता
तुम्हारा ऐसे चले जाना।

दुविधा

रोती हुई मैं
और बजती डोरबेल
दोनों एक साथ रुकी
जब दरवाज़ा खोलते
मेरी फेवरिट आइसक्रीम लिये
सामने तुम खड़े थे।

ग़ुस्से का दिखावा करती मैं
पिघलने लगी अन्दर-ही-अन्दर
उस आइसक्रीम की तरह
जिसे मेरी तरफ़ बढ़ा कर
निहारे जा रहे थे तुम
चुपचाप।

सुबह
जब आइसक्रीम खाने की इच्छा पर
तुमने सुना दी थी बातें
ठंड का हवाला देकर
ठान लिया था मैंने
कभी न खाऊँगी आइसक्रीम
तुम्हारे हाथों की
और अब जाने क्यों

भारी पड़ने लगा तुम्हारा मनुहार
मेरे दिन-भर के रुदन पर।

बहुत रहस्यमय है हृदय भी
दुविधाओं की भी सुविधा नहीं देता
भूलकर सारे प्रलाप
महज़ मुस्कान पर तुम्हारे
जी-भर खाना चाहता है
अपनी फेवरिट आइसक्रीम!

मछलियाँ

मेरा वश चले तो
मछलियों के लिए खुलवा दूँ राजमार्ग
जहाँ वह सरके, दौड़े
या निर्बाध शामिल हो जाएँ
वक़्त की किसी मैराथन में।

मछलियाँ
तैरती रही हैं अब तक
नदी-नालों-तालाबों में
बड़े घरों के अन्दर
सजे किसी एक्वेरियम में
या बड़ी मछलियों से जीवन का संघर्ष करते
अतल अथाह महासागर में!
कभी-कभी
चीख़ती-चिल्लाती और छटपटाती दिख जाती हैं
बड़े से जाल में
अथवा
स्वयं ही आ फँसती है बिचारी
किसी मछुआरे के काँटे से।

प्रारम्भ से ही
मछलियाँ रही हैं लज़ीज़

घर-ढाबा-रेस्तराँ
हर जगह तो उसे पकाए जाने का ही रिवाज है
परिणति न ईश्वर बदल सका
न स्वयं वह
बलि चढ़ती रही है जन्म-जन्मांतर
किसी-न-किसी की भूख पर।

मेरा वश चले तो
इसके आईने जैसी कज्जल आँखों में
बिठा दूँ ख़ूब सपने
दिखा दूँ कड़वे सच
भले ही निकल जाएँ प्राण
चिल्लाते-ऑक्सीजन, ऑक्सीजन
तुम सस्ते में जीवन की बाज़ी मत हारना
जैसे अन्तिम साँस तक लड़ती हैं कुछ निर्भयाएँ!

दादी का बक्सा

कौतूहल का विषय रहा
हम भाई-बहनों के लिए
वह काला पड़ चुका
तीन बाई दो का लकड़ी का बक्सा
जिसके जंग खा चुके ताले को
गले में झूलती
चाबियों के गुच्छे में से
सही चाबी को पहली बार में ही
बड़ी नज़ाकत से निकालती दादी
किसी जिन्न की तरह मालूम पड़ती थी
और वह बक्सा
अलादीन का चिराग़
जिसके खुलते ही
ख़ूब सारी नसीहतों और झल्लाहटों के साथ
कुछ चवन्नी और अठन्नी बाहर निकलती थी
जिससे पूरी होती थी हम बच्चों की
मलाई बर्फ़, बम्बे की मिठाई और
बाइस्कोप आदि की चाह।

आज दादी को गुज़रे दस दिन हो गए
सारे बच्चे फिर से जमा हैं
बक्सा खोला जा रहा है

सभी बच्चे जो काफ़ी बड़े हो चुके हैं
उसी कौतूहल से देखते हैं
दादी के लकड़ी के बक्से को
जिसके खुलते ही बाहर निकलती है
नई-पुरानी साड़ियाँ
पापा, बुआ, बच्चों की
अधफटी तस्वीरें
छोटे बच्चों के कपड़े
कपड़ों से काटकर निकाले बटन
बहुत सारे नहीं चलने वाले पैसे
और वही टीन वाली पैराशूट की डिबिया
जिसमें रहा करता था
जिन्न!

तुम्हारी नसीहतें, गालियाँ, डाँट
बुरी लगती थी तब
उन्हीं के सहारे
हमारी स्मृतियों में सदैव बनी रहोगी तुम
अनमोल है तुम्हारी चवन्नी
और काठ का वह बक्सा
आज भी है
जिन्न का चिराग़
जिससे जुड़ी तुम्हारी सब यादें हैं
जिसमें बन्द है
पापा, बुआ और हम बच्चों का बचपन!

सरकारी नौकर

सुनता रहा चुपचाप
मीटिंग हॉल में
काम पूरा न हो पाने पर
बॉस द्वारा दी जाने वाली
नकारेपन की उपाधियाँ
और दो दिनों के भीतर
किसी भी हाल में
लक्ष्य पूरा कर लेने
अथवा परिणाम भुगतने की धमकियाँ।

अलस्सुबह से ही तो
डट गया वह
पूरी टीम के साथ
लक्ष्य पूरा करने की मुहिम में
लॉकडाउन और कोरोना संक्रमण के भय पर
भारी पड़ी धमकियाँ!

करते हुए गाड़ियों की तलाशी
पालन करवाते कोरोना प्रोटोकॉल
भेजता रहा प्रमाण

बॉस द्वारा बनाए
व्हाट्सएप ग्रुप में
चुनिंदा फ़ोटोग्राफ़्स के साथ
कोरोना संक्रमित हो जाने के डर को
करके दरकिनार।

नौकरी बचाने
और नकारेपन की उपाधियों को
झुठलाने की कोशिश से
मिली ऐसी हिम्मत
कि महसूसने न दिया
अगले तीन दिनों तक
102 बुखार।

फिर
महामारी के लक्षण
शहर का बड़ा अस्पताल
आई.सी.यू.
उखड़ती साँसें
और बीसवें दिन
अलविदा कहा दुनिया को
बिना लिये बॉस की तारीफ़।

मगर जाते-जाते
मानो खोल दिये हों उसने
नौकरी के सारे बन्धन
मिटा दिए हों
कनीयता और वरीयता के भेद।

तभी तो
रोते बेटे और पछाड़ खाती पत्नी ने
कह दिया वह सब कुछ

जिसे जीते-जी
कभी बोल न पाया
सरकारी नौकर!

कलाकार

ज़िन्दगी के रंगमंच पर
सबसे मुश्किल किरदार निभाते
टूट रहा था उसके अन्दर
जाने क्या-क्या।

बहते नेत्रों के ऊपर
मुस्कुराहट का मुखौटा डाले
चल रही थी जद्दोजहद
रोने और मुस्कुराने के बीच।

दुःख के गहनतम क्षणों में
तालियों की गड़गड़ाहट भी
कम नहीं कर पाती
हृदय की टीस।

सुनकर अनहद बाँसुरी की धुन
कितना विह्वल होकर कहा था उसने
कि मिलन सम्भव न हो अगर
तो कृष्ण रूप में लेना विदा
जैसे रंगमंच पर स्वीकारा था मुझे
'अभिज्ञानशाकुंतलम' में
दुष्यंत बनकर।

जब निभा नहीं पाते हम ज़िन्दगी के वादे
तो पूरी करना चाहते हैं हर ख़्वाहिश।

दर्शकों का आभार जताते
बस इतना ही सुन पाया वह

जीवंत कर दिया कृष्ण को
जैसे इसकी ही कथा हो
डूब कर किया है अभिनय
बहुत ही 'उम्दा कलाकार' है!

नई बहुरिया

नई बहुरिया आज फिर
उपास रह गई
सबको मना करके
हताश रह गई।

कहती है
जिस रसोई में
बनती है मांस-मछली
नहीं होती है बरकत
रूठ जाती है लक्ष्मी।

ऐसे रसोई का मुझसे
निवाला न खाया जाएगा
ऐसे खाने से बेहतर है
कोई भूखा ही मर जाएगा।

देखो, देवर-ननदों से भी
लाम लिये बैठी है
मैके चले जाने की अब
ठान लिये बैठी है।

कहते हुए बुढ़िया
अपनी लाठी को सहलाती है
सोचती है
बुढ़ऊ से देखूँ
क्या मशवरा पाती है।

बहुत देर तक बुढ़ऊ
लटकी तोंद पर हाथ फिराते हैं
बड़े स्नेह से बुढ़िया को फिर
अपने पास बिठाते हैं।

नई बहुरिया इस चक्कर में
रोज़-रोज़ क्यों भूखेगी
लेकिन मैके चली गई तो
दुनिया हम पर थूकेगी।

तुम तो सबकी अम्मा हो
तुम बच्चों को समझाओ न
चौका बहू सँभालेगी
सब बाहर मछली खाओ न।

बुढ़ऊ की ये बातें सुन
बुढ़िया अन्दर से बिफ़र गई
जीवन-भर के झगड़े सारे
नज़रों से फिर गुज़र गए।

जब इतना आसान था हल
क्यों सालों-साल न मिल पाया
जाने कितने दिन मैंने भी
ऐसे ही उपवास किया।

बुढ़िया ने हारी थी बाज़ी
अब वह क्या कर सकती है
नई बहुरिया भूखी है
अब उसको इसकी जल्दी है।

जन्मदिन

शब्दहीन हो जाती है माँ
और बेबस दिखता है पिता
जब आइसोलेशन के दूसरे दिन
रिश्तेदार के घर
जन्मदिन का केक काटता बेटा
माँगता है आशीष।

वीडियो फ़ोन से जुड़ा बेटा
बनावटी ख़ुशी के साथ
दिखाता है चॉकलेट और बैलून
बहुत याद आने और
तुरन्त बुलाने का आग्रह करते
जल्द स्वस्थ होने के अनुरोध के साथ
झट से पोंछ लेता है आँसू।

वक़्त कैसे बना देता है
कुछ घड़ियों में ही लोगों को बड़ा
दो दिन पहले तक
उपहारों की ज़िद करता बेटा
एकाएक दिखाने लगता है संयम
और झूठी हँसी हँसकर
छुपाना सीख जाता है आँसू।

किसी बड़ी आशंका के आगे
स्वत: सूक्ष्म हो जाती हैं हमारी ख़ुशियाँ
तभी तो दु:ख न दूर जाने का है
न उपहार नहीं पाने का
निरंतर मौत की आहट से आशंकित हृदय
गुहराने लगता है सभी ज्ञात देवी-देवता
और सभी ख़ुशियों पर भारी हो जाती है
सपरिवार कुशलता की कामना।

विडम्बना

पुरुषों के लिए
आसान है नापना
सात समंदर
सबसे गहरी खाई
सर्वोच्च पर्वत शिखर
धरती और आकाश
मगर मुश्किल है उनके लिए नापना
स्त्री-मन की गहराई
उसकी सच्चाई।

स्त्री
जिसने लगाए हैं
कई बार दुनिया के चक्कर
तैर कर पार किये हैं
जाने कितने समंदर
गाड़े हैं
पर्वत के सीने में झंडे
दर्ज कर आई है
चाँद पर भी उपस्थिति।

वही स्त्री
थकने लगती है

लगा कर सात फेरे
हारने लगती है
निभाने में सात फेरे
जीते जी निकल नहीं पाती इससे
जकड़ ही लेते हैं जैसे
ये फेरे!

ऐसा न हो

करने को बातें
रोज़ छत पर मत बुलाया करो
ऐसा न हो
कहानियाँ बन जाएँ और
शब्द रूठ जाएँ।

देकर मीठी थपकी
रोज़ ऐसे मत सुलाया करो
ऐसा न हो
थपकियाँ आदत बन जाएँ और
नींद रूठ जाए।

बहुत मुश्किल है
उलझे रिश्तों को सुलझाना
ऐसा न हो
बहुत देर हो जाए और
अपने रूठ जाएँ।

शिकायतें हैं तुम्हें
ख़ामोशी क्यों है जवाब मेरा

ऐसा न हो
मैं सच बोल दूँ और
तुम रूठ जाओ।

लौट आया है कन्हैयालाल

घूमने लगता है सामने
आठवीं कक्षा का दृश्य
जब शिक्षक ने पढ़ाते हुए
'करवा का व्रत'
मार्मिक तरीक़े से
समझाया था
स्त्री की पीड़ा और संघर्ष
अधिकारों का अतिक्रमण
और निरंतर अनादर से
उपजा प्रतिकार।

तत्क्षण कई सजीव किरदार
नज़र आने लगे थे
अपने आसपास।

रिश्ते जब बोझ बन जाएँ
तो बन्धन तोड़ देना श्रेयस्कर है
शिक्षक के शब्दों को माँ तक पहुँचाते
अधीर हो उठता बालमन
रोज़ रात लड़खड़ाते क़दमों से पिता की घर वापसी
और जिम्मेदारियों से उदासीनता का

रामबाण इलाज है
लाजवंती का प्रतिकार।

ठीक ही तो कहती है लाजवंती
अपने पति से
मार ले...मार ले
मैंने कौन-सा करवा का व्रत रखा है
कि हर जन्म में तुम्हारी मार खाऊँगी
और कन्हैयालाल रह जाता है हतप्रभ।

लाजवंती, माँ और इन जैसी तमाम स्त्रियाँ
मूक रहकर वाहक बन रही हैं
इस अघोषित परम्परा का।

कुछ सबला वर्ग का प्रतिनिधित्व करने वाली स्त्रियाँ भी
नहीं कर पातीं प्रतिकार
क्योंकि प्रेम या गलती की दुविधा से उपजी कोंपलें
बन जाती हैं
तिहाड़ की बेड़ियाँ।

लाजवंती को पुनः करना ही पड़ता है
करवा का व्रत
ख़ुद को समझा कर
कि लौट आया है कन्हैयालाल
अपनी लाजो के पास
हमेशा-हमेशा के लिए।

प्रशस्ति-पत्र

वार्षिक सम्मान समारोह में
मेरा नाम पुकारते
करतल ध्वनियों से
गूँज उठा कन्वेंशन हॉल।
असहज-सा होता मैं
अपने नाम की पुष्टि सुनकर
लड़खड़ाते क़दमों से
बढ़ता हूँ सम्मान डेस्क की तरफ़।

आपके सम्मानजनक कार्य के लिए
यह प्रशस्ति पत्र प्रदान किया जाता है
हम आपके सुखद, सफल और
उज्ज्वल भविष्य की कामना करते हैं
हमें उम्मीद है कि भविष्य में भी
आपका योगदान सराहनीय बना रहेगा!

कन्वेंशन हॉल की गहमा-गहमी के बीच
कहीं दूर से आती कड़कती आवाज
गूँज उठती है तब जेहन में
सहसा स्मरण हो आती हैं
पिछली घटनाएँ
जब मीटिंग के लिए थोड़ी देर हो जाने पर

बॉस ने दे डाली थी
निलम्बन से लेकर
विभागीय कार्रवाई तक की
तमाम धमकियाँ।

बॉस का गुस्सा
अधीनस्थ कर्मियों पर निकालते
अन्दर से कितना असहाय महसूस करता हूँ
मजबूरी बताते हुए
समय देने की
गुहार लगाते
कर्मियों का रुआँसा चेहरा
और मेरा किसी चीज़ से
मतलब नहीं होने का फरमान
कितना अमानवीय होता है
बिलकुल बॉस की तरह ही।

शील्ड में समाहित नज़र आने लगते हैं
कितने ही बच्चों का जन्मदिन
कितने ही जोड़ों का वार्षिकोत्सव
कितने ही घरों का तीज-त्योहार
कितनी माँओं की पथराई आँखें
और जाने कितनी रातें
जो बिन खाए
देहरी पर इन्तजार में गुज़री हैं।

ख़ैर!
दोनों हाथों से
सँभालता अपना सम्मान-पत्र
झटकते हुए सारे दुःस्वप्न
दबाते हुए सारे अपमान
सम्मान में बजती हुई तालियों से

सहकर्मियों पर गर्वोन्नत दृष्टि डालते
चेहरे पर कृत्रिम मुस्कान लिये
पुनः शामिल हो जाता हूँ
अगले प्रशस्ति-पत्र की दौड़ में।

स्वागत

एक दुल्हन का ससुराल में स्वागत—

नेव के चलऽ ए दुलहिन नेव के चलऽ
जइसे बँसवा नेवेला वइसे नेव के चलऽ

एक दूल्हे का ससुराल में स्वागत—

आपन खोरिया बहारऽ ए पापा
आवऽ ताड़न दुलरा दमाद!

इन दो पारम्परिक गीतों में निहित है
भारतीय समाज का सम्पूर्ण दर्शन।

बकरियाँ

वाणावर की
पहाड़ियों के निकट
कौआडोल
मशहूर है
उस अद्भुत पत्थर के लिए
जिस पर
कौआ के बैठते ही
हिलने लगता था
विशालकाय पत्थर।

इतिहास बन गए
इस किंवदंती के साथ ही
विकसित हो गई है
एक बेजुबान सभ्यता
दुर्गम ग्रेनाइट पत्थरों के बीच
सैकड़ों फुट की ऊँचाई पर
कँटीली झाड़ियों
और पत्थरों के मातृत्व के सहारे।

इसकी तलहटी में
विनष्ट हुए चैत्यनुमा स्तम्भों
और खंडित बुद्ध प्रतिमा को निहारते
गुज़रते हैं
जाने कितने अजनबी
हर रोज़
जो विस्मित हो जाते हैं
देखकर
इतने दुर्गम और निर्जल स्थल पर
बकरियों का
ऐतिहासिक प्रवास।

और पास की बस्ती के लोग
फ़ख़्र से करते हैं
इस बसावट की
अद्‌भुत व्याख्याएँ
कई पीढ़ियों की आँखें
हो चुकी हैं धुँधली
पर अज्ञात है
इस पहाड़ी पर
इन बकरियों का
प्रथम प्रवास।

अपनी पुश्तों की परम्परा को
आगे बढ़ाते ये बेज़ुबान
सदियों पूर्व स्थापित
बुद्ध प्रतिमा का हश्र देखकर
समझ गए हैं शायद
अपनी परिणति
कि सुरक्षित है

पत्थरों की गोद
तथाकथित
विकसित सभ्यताओं से

और सदियाँ बीतने के बाद भी
इन्होंने धरती का रुख़ नहीं किया!

ज़िन्दगी

तुम्हारा अचानक मिलना
अगर साज़िश है
तो रोज़ हुआ करें
ऐसी साज़िशें।

और इत्तिफ़ाक़ है अगर
तो ईश्वर करें
रोज़ हो ऐसे इत्तिफ़ाक़।

लेकिन ज़िन्दगी में
न तो सुहानी साज़िशें होती हैं
न हसीन इत्तिफ़ाक़...

आस्था

चढ़ नहीं पाई वह, दोबारा
पुराने मन्दिर की सीढ़ियाँ
जिस पर लगातार तीसरे दिन
भूखी-प्यासी लोटती रही थी वह
मिन्नतें, उपवास सब हो गए व्यर्थ
जब चौथे दिन
कालाज़ार से लड़ते-लड़ते
परमात्मा में विलीन हो गया रमेसर
हमेशा-हमेशा के लिए।

आस्था
उम्मीद है असम्भव से सम्भव की ओर
मार्ग है अन्धकार से प्रकाश का
मगर अन्तिम प्रयास की असफलता
कहाँ बचा पाती है आस्था।

सीलन भरे कमरे में
दो सालों से बुढ़िया
पड़ी है फटी टाट पर
रोती-बिलखती अपनी ही गोबर-गंदगी में
बहू की गालियों और रूखे टुकड़ों के सहारे।

कोने में पड़ी बुढ़िया
रोज़ तय करती है अतीत से वर्तमान का सफ़र
दोषी नहीं पाती किसी को
ईश्वर के सिवाय
दुहराती है शिकायतें—
भरी जवानी में छीन लिया सुहाग
और आज आँखें फूट गई हैं जैसे
निर्मोही हर भी नहीं लेता प्राण

सारी ताड़नाओं के बावजूद
बहू-बेटे को असीसती बुढ़िया
बुदबुदाती नज़र आ जाती है अक्सर
'जिसको पति का सुख नसीब नहीं
बेटे से भला क्या उम्मीद!'

ख़ुद को समझाने के लिए
गढ़ लिये जाते हैं तर्क
अविश्वसनीय मगर सच यही है
स्त्रियाँ भले त्याग दें आस्था
मगर त्याग नहीं पाती वात्सल्य!

हदें

मेरी नाराज़गी
जब भूलने लगे हदें
तो पसार कर अनहद बाँहें
समेट लेना मुझे
इससे पहले
कि याद आते-आते हदें
इतनी दूर निकल जाऊँ
कि चाहकर भी
न लौट सकूँ मैं
और न बुला सको तुम।

ख़्वाहिश

कल यहाँ आना
मेरी सबसे बड़ी ख़्वाहिश थी
आज यहाँ पहुँच कर भी
किस्मत से शिकायत है।

लगता है
ख़्वाहिशों और शिकायतों में ही
ज़िन्दगी की शाम होगी
न ख़्वाहिशें पूरी होंगी
न शिकायतें ख़त्म...

माँ

खींच देती थी परदे
छन कर धूप जब
खिड़कियों के कोने से
छूने लगती मेरे बदन को
बार-बार उठने को गुहराती तुम
सहन न कर पाती
मेरे चेहरे पर धूप
आकर फेरती मेरे माथे पर अँगुलियाँ
सूरज से नहीं
मैं तो तुझसे जगता था माँ।

सुनाती जब कहानियाँ
बनाकर मुझे राजकुमार
तो निंदिया मेरी आँखों से
रूठ ही जाती जैसे
बाँहें जब पड़ती तेरी
गले के नीचे
हथेलियाँ जब थपकातीं
कानों को मेरे
सीने से लगा कर
जब देती आलोड़न
जाने कब सपनों में

डूब जाता मैं।

मेरी ख़ुशियों की क़ीमत
तेरे होने भर से थी
कैसे गीले आँचल को
कमर में लपेटती
जिनसे पोंछती थी मेरे आँसू
आँसू, अमृत-बूँद से कम न थे तब
जिसकी एक बूँद भी
तू गिरने न देती।

उतारती थी बारम्बार
हज़ार नज़रें
कभी मिर्च
कभी हल्दी
कभी सरसों से
जब हँसी को किसी ने
टोक दिया था मेरे
मोती की तरह सहेजती
मेरी ख़ुशियाँ
उन मोतियों से नित
मेरा दामन भरती।

माँ
तू मुझको राजा कहती
साम्राज्य तो तू थी
साम्राज्य न रहा
राजा, राजा न रहा
आँसू व्यर्थ, ख़ुशी मूल्यहीन
सोना-जागना ज़रूरत भर है
अब दुनिया में वो नज़रें नहीं
जो मुझको चाँद-सितारा समझें।

दुःख की मर्यादा

बन्द करके हृदय कपाट
सँभाल लेना चाहिए
असहनीय दर्द के झोंके
जब परिस्थितियों को बदल पाना
या किसी तरह उनसे निकल पाना
सम्भव न हो हमारे लिए।

समय
दुःखों का भी
कर देता है सामान्यीकरण
रोज़मर्रा के कष्ट
बनाने लगते हैं हमें सहज।

नितान्त निजी दुःख
कहने से भी कहाँ समझ पाता है कोई
किसी की संवेदनाएँ
किसी के लिए विनोद की वस्तु होती हैं
चटकारे लेकर जिसे
सुने और सुनाए जाते हैं अक्सर।

सार्वजनिक होकर दुःख भी
कहाँ रह पाते हैं मर्यादित!

वक़्त के साथ बदल जाए
अगर वक़्त भी
तो कुछ अपनों की बातें ही
उधेड़ डालती हैं
स्मृतियों का नाज़ुक सिरा
कुटिलता से मुस्कुरा कर
या रोनी सूरत बनाकर
पूछ लेने भर से
हालचाल
हरे हो जाते हैं फिर से
सारे मुरझाए ज़ख़्म।

मदारी वाला

वह जोर से डुगडुगी बजाता
गोल घेरा बनाकर बैठ जाता
अजीब-सी आवाज़ें निकाल कर
अजनबी-से नाम पुकारता
छितरा देता अपना संसार।

'सोनू-मोनू जल्दी आओ
बहिना भयवा तुम भी आओ
काले नाग के दर्शन पाओ
कागज से अब नोट बनाओ
बंदरिया सजकर बैठी है
बंदर से अब ब्याह रचाओ।'

कौतूहलवश जमा हो जाता
पूरा गाँव।

वह रंग-बिरंगी बातें करता
तरह-तरह के खेल दिखाता
आँख नचा कर
मुँह फुला कर
घूम-घूम कर गाते जाता—

'झूठ बोलना पाप है
नदी किनारे साँप है
वही तुम्हारा बाप है'

फिर बच्चों में खलबली शुरू हो जाती
मदारी वाले की बातें
गाँव वालों से पुष्टि पाकर
और सशक्त हो जातीं
सहसा कोई झूठ याद आता
और नाग बाबा में पिताजी दिखने लगते।

फिर आख़िर में
अपना पेट सहला कर मदारी वाला
नरम शब्दों में कहता—
सब पेट की ख़ातिर है साहब
पापी पेट की ख़ातिर।

यह इशारा होता
कि खेल अब ख़त्म हो चुका है
हम भाग कर घर से
चावल-दाल, अठन्नी-चवन्नी उठा लाते
और रख देते छितराए हुए गमछे पर।

फिर हम मिन्नतें करते
मदारी वाले...ओ मदारी वाले...
मत भेजना काला नाग हमारे सिरहाने
कभी बदमाशी नहीं करेंगे
झूठ तो बोलेंगे ही नहीं।

वर्षों बीत गए
अब टूट चुका है
मदारी वाले का तिलिस्म

वक़्त ने धुँधली कर दी हैं
उसकी स्मृतियाँ,
सब कारनामे
और डर भी।

फिर भी
गाँव से शहर तक
नेपथ्य से प्रत्यक्ष तक
हर मजबूर आदमी
जो अनिच्छा होते हुए भी
भुखमरी के ख़याल से
नहीं छोड़ पाता अपना काम
दुहरा रहा होता है
मदारी वाले के शब्द—
सब पेट की ख़ातिर है साहब
पापी पेट की ख़ातिर...

छितराए हुए मैले गमछे के पास
अधनंग कुपोषित बच्चे
जब याद आते हैं
तो समझ आता है
यह खेल की कोरी पंक्तियाँ नहीं
भूख की बेबसी थी
अकाट्य जीवन दर्शन था
जिसे हँसते-हँसते
गाया करता था मदारी वाला।

अपराजिता

सलाम
उन स्त्रियों को
जो दिल की नहीं
दिमाग़ की सुनती हैं
जो पड़ती नहीं प्रेम में कभी
रिश्तों को जीती हैं
निर्लिप्त।

भेद्य किले-सी हैं स्त्रियाँ
जिन पर अधिकार सम्भव है
प्रभुत्व सम्भव है
लेकिन सम्भव नहीं कभी
जीत।

स्त्रियाँ
भले कर दें समर्पण
परिस्थितियों के आगे
कभी मन को नहीं हारतीं
कभी मन से नहीं हारतीं।

हारती सिर्फ़ प्रेम से हैं
हारती सिर्फ़ प्रेम में हैं

अपना तन-मन-धन
मान-सम्मान-स्वाभिमान
सब कुछ।

बधाई!
उन स्त्रियों को
अपराजिता हो जाने के लिए
जो कभी
प्रेम में नहीं पड़तीं।

यक्ष प्रश्न

ग़ुस्से में पैर पटकते
पाषाण-सी कठोरता से उसने कहा—
'पता नहीं कैसे
लोग स्त्री को अबला और प्रताड़ित कहते हैं
दिलाने को यथोचित स्थान
करते हैं नारेबाज़ी
और जुटे रहते हैं
अनर्गल प्रलापों और महिला-सशक्तीकरण के अभियानों में
मैंने तो पुरुषों से ज़्यादा प्रताड़ित प्राणी नहीं देखा
हरदम हावी रहती हैं स्त्रियाँ
कमान लेकर घर की अपने हाथों में
अपने फ़ैसलों के आगे कभी किसी की नहीं सुनतीं।'

सुनती रही चुपचाप वह सारे तर्क
एकाएक वह बजाने लगती है ताली
थोड़ा आगे बढ़कर फिर
आ जाती है उसके सामने
कहती है—
हाँ, मैं नारीवादी हूँ
उठाती हूँ स्त्रियों के लिए आवाज़
रखती हूँ उनका पक्ष
सलाम है तुम्हें कि तुमने दिया है

स्त्रियों को सम्मानजनक स्थान
लेकिन कुछ प्रश्न हैं मेरे
कुछ उत्तर सुझा दो।

सवा सौ करोड़ की
आबादी वाले देश में
क्या स्त्रियाँ पुरुषों पर भरोसा कर सकती हैं?
क्या पुरुषों के समान जीवन-शैली अपनाकर
अपने सच्चे चरित्र को प्रमाणित कर सकती हैं?
समान मानसिक स्तर की होते हुए
घर चलाने की आधी से ज़्यादा ज़िम्मेदारी उठाते हुए भी
बिना किसी डर-भय के
या अनुमति के बग़ैर कहीं आ-जा सकती हैं?

इतिहास भरा पड़ा है
अनगिन उदाहरणों से
जिसे हम जानते भी हैं
और मानते भी हैं
गौतम को दुनिया 'बुद्ध' कहती है
महावीर को दुनिया 'निर्ग्रन्थ' मानती है
जो सत्य की खोज में छोड़ गए
अपनी पत्नी
अपना साम्राज्य
बिना किसी पूर्वानुमति के
ढूँढ़ने अनसुलझे प्रश्नों के उत्तर।

इस कर्तव्यहीनता पर भी
लाखों हैं अनुयायी पूरी दुनिया में
वही देवी अहिल्या निर्दोष होकर भी
मज़बूर हुई शिला बन जाने को
सतीत्व को प्रमाणित करने के लिए सीता
समा गई धरती में

धरती माँ ने अपनी गोद में जगह दी
लेकिन 'मर्यादा-पुरुषोत्तम' कहे जाने वाले श्रीराम
दिला न सके उन्हें उचित स्थान।

क्या स्त्री का मानसिक स्तर
सदैव शंका के घेरे में आता है?
क्या शरीर से हटकर उनकी कोई चाह नहीं
क्या उनमें 'निर्वाण'और 'कैवल्य' पाने की
इच्छाशक्ति और योग्यता नहीं?

स्त्री
'विमर्श और शोध' का
विषय हो सकती है
परन्तु वह पुरुष के समान
मानवाधिकार लेकर ही जन्मी है
यह भी कटु सत्य है।

घर के पुरुषों को पहले खिला कर
बाद में बचा हुआ खाने वाली
घर के सारे दैनिक कार्यों को निबटा कर
दोपहर बाद पहला ग्रास ग्रहण करने वाली
आधी रात तक
रसोई में जूठे बरतन समेटने वाली
सबके निश्चिन्त सो जाने पर ताले-कुंडी को
देख कर आश्वस्त होने वाली
घर की सुख-समृद्धि के लिए
घंटों ईश्वर से याचनाएँ करने वाली
नौकरी और घर को सन्तुलित करने के चक्कर में
अपना सन्तुलन बिगाड़ लेने वाली
बच्चों की शिक्षक
पति की अर्धांगिनी
बुजुर्गों की धात्री

सामाजिक सरोकारों की वाहक
स्त्री का
अन्नपूर्णा
लक्ष्मी
सरस्वती
रूप पूजनीय है
फिर 'दुर्गा' रूप
असहनीय क्यों?

ख़त तुम्हारे

जला रही हूँ आज सारे
ख़त तुम्हारे
पास रह कर खो चुके हैं
शब्द सारे।

चिन्तित मैं
तुम भी चिन्तित थे
कोई जगह सुरक्षित थी क्या
बोलो मेरे घर में
लाख कोशिशें की थी तुमने
कोई जगह बना पाए क्या
फिर भी शीशमहल में।

कितना कम हिस्सा होता है
अपना इस जीवन में
कितनी कम जगहें होती हैं
देखी अपने घर में
कहाँ बचा रहता है कोई
सपनों वाला कोना।

आज जबकि जल रहे हैं
ख़त तुम्हारे
हो रहा अस्तित्त्व भी
उसमें समाहित।

निरंतर

घंटों की चुप्पी तोड़ती
फोन के दूसरे छोर से
बमुश्किल मुक्त होकर आती
तुम्हारी दबी-दबी सिसकियाँ
आधी रात की नीरवता में
तुम्हारे मौन की आर्द्रता
महसूसता मैं
होने लगता हूँ बेकल।

फिर आँसुओं संग
शनैः शनैः
पिघलता है अवसाद
देने लगता है ज़ुबान को शब्द—
समय से आई थी ट्रेन
मिल गई थी खिड़की की सीट
मधुबन में गरम समोसे मिल जाते हैं
दो से ही भर जाता है पेट
आज बारिश अच्छी हुई है पटना में
लौटते वक़्त भीग गया था थोड़ा
अंडा करी और रोटियाँ बनाई थी रात में।

तुम्हारी थमती सिसकियाँ
देने लगती हैं आश्वासन
कि शनिवार को माफ़ कर दोगी
सोमवार की ग़लतियों के लिए
अपनी जगह पर नहीं मिलने पर टावेल
तुम्हें बुरा-भला सुनाकर
बिन खाए ऑफ़िस निकल आने के लिए।

हर बार
तुम यही तो करती रही हो
और मैं भी हर बार
यही...

मौत की दस्तक

तीन दिन पहले ही
घंटों बातें हुई थीं
लेकिन बताया नहीं उसने
कि तिल-तिल
बढ़ रहा है मौत की तरफ़
खाँस-खाँस कर
दरद कर रहा है पँजरी
धौंकनी-सी चल रही हैं साँसें
क़ैद कर लिया है ख़ुद को
घर की चारदीवारी में।

शायद इसलिए भी नहीं बताया होगा
कि कर भी क्या लेता मैं
सिवाय देने की नसीहतें
अपनी जंग तो सबको
लड़नी ही पड़ती है अकेले।

दोस्तो!
यही होता है अमूमन
अपनी उपलब्धियाँ सुनाने में
बड़प्पन गिनवाने में
कहाँ सुन पाते हैं

किसी की उखड़ती साँसें
डूबती धड़कनें
अनकहे शब्द।

कहाँ जागते हैं लोग
जब तक ख़ुद के दरवाज़े पर
नहीं हो मौत की दस्तक
कितने मगन
कितने निर्भीक बने रहते हैं।

बस यही कहकर समझा लेते हैं ख़ुद को
उसने कुछ बताया भी तो नहीं
संकोची था
पर दिल का बहुत अच्छा था
ईश्वर उसकी आत्मा को शान्ति दें!

तलाक़

एक

आज भी नहीं छूटी
मेज़पोश से वह स्याही
जो गिरी थी तुम्हारे हाथों से
लिखते हुए तलाक़
तुम जैसे इन्तजार में थे
कि बढ़ जाए विवाद
और फिर देकर तलाक़
तुम बदल लो अपने रास्ते।

दो

तुम्हारे तर्क थे
बिना फल के कोई कैसे हो सकता है पेड़
और इस तरह ख़ारिज किया तुमने
ख़ुशबुओं का अस्तित्व
तुम्हारे इतने बड़े घर में
मयस्सर न हुआ कोई कोना।

तीन

वक़्त कहाँ मुड़कर देखता है पीछे
तुम भी तो बन गए वक़्त
जिसकी रफ़्तार तेज़ थी
और लौटना लगभग नामुमकिन
बिखेर कर तिनका-तिनका
पखेरू भी नहीं लौटते घर।

चार

अब इक दाग़ काबिज़ है माथे पर
इतना गहरा
जिसे भर भी नहीं पाता वक़्त
सपनों का मुरझाना
उस पर सवालिया नज़रें
बना देती हैं जीवन को रेगिस्तान।

पाँच

बसन्त चरमराता है अब भी मुरझाई-सी बेल में
अन्तस में उगना चाहती हैं फुनगियाँ
अब करने लगी हूँ अकेले ढेर सारी बातें
जो कभी कर न सकी तुम्हारे साथ।

किताब

वह किताब जैसी है
लाइब्रेरी से अभी-अभी निकली
ख़ूबसूरत ज़िल्द में सजी
बिलकुल नई जैसी।

जिसमें हैं ख़ूब सारे पन्ने
बँटे अलग-अलग शीर्षकों में
जैसे बँटी है वह
अलग-अलग रिश्तों में
अलग-अलग नामों में।

कुछ पूरे भरे
कुछ आधे-अधूरे
कुछ पर आड़ी-तिरछी लकीरें
तो कुछ बिलकुल कोरे
जिसमें बिखरे हैं शब्द
भावनाओं की तरह
कुछ जाने-पहचाने
कुछ अबूझ
कुछ कई अर्थ समेटे
तो कुछ बिलकुल अर्थहीन।

जिसके वक्ष में रोज़ खिलता है
एक सुर्ख़ गुलाब
जिसे दबा देती है पन्नों के बीच
जैसे रोज़ दबाया करती है
अपनी हसरतें
जिसे सँभाल रखा है
शब्दों की तरह
जाने कब से।

स्त्री किताब ही तो है
शब्दों से रची
शब्दहीन किताब
डूब जाएँ उसमें तो
समझ लें उसके सारे अबूझ शब्द
पढ़ जाएँ सारी
आड़ी-तिरछी लकीरें
महसूस कर सूखे गुलाब का दर्द
ढूँढ़ लें कोरे काग़ज़ में भी अर्थ
अहसास हो जाए
चमकदार ज़िल्द से ढकी
पाषाण की कठोरता
अपने-आप में एक जिन्दा इतिहास।

हाँ...स्त्री किताब ही तो है
जो सैकड़ों हाथों से गुज़रती
तलाशती है सुधी पाठक
जैसे सारे रिश्तों के बीच
स्त्री को दरकार होती है
आत्मीय रिश्ते की
जिसके पास आकर
उसी की हो जाए
हमेशा-हमेशा के लिए।

देह

देह जब खुलती है परतों में
निकलती हैं पपड़ियाँ
प्याज के छिलकों की तरह
नामुमकिन-सा होता है यक़ीन
यह देह ही है
शृंगार और सभ्यता से आपूरित
यश और वैभव को लालायित।

देह तो केवल देह होती है
नश्वर, निर्लिप्त, अपनी ही गति से बढ़ती-रुकती
वृद्धि-चक्र को पूरा करती
और अपने विनष्टीकरण तक
अलग-अलग कहानियाँ रचती।

इसे सुसज्जित करने में
सृजित होती हैं तमाम विद्रूपताएँ
असमंजस-कुंठाएँ
आकर्षण-विकर्षण
धन-बल का आडम्बर
और नश्वरता के सत्य को नकारने का हठ।

साम्राज्यों को बनाने-मिटाने का
दम्भ भरने वाली देह
जब खुलती है पोस्टमार्टम रूम में
तब होती है
परत-दर-परत
बिलकुल वैसी ही
जैसी ईश्वर ने गढ़ा होता है।

प्रश्न

जब अँधियारी रात में
टूटी हुई पगडंडियों पर
बढ़ती है वह
नंगे-पाँव
बदहवास।

मतलब यह नहीं
कि नहीं जानती इसका हश्र
या कि अनजान है इसके ख़तरों से
बल्कि यह है
कि रौशनी के शहर में
मुखौटे वाले जाने-अनजाने लोग ही
उसे लील जाने को तैयार बैठे हैं।

तभी तो
चकाचौंध से बेहतर लगता है उसे
अँधेरे में विलीन हो जाना
दुर्जनों से बेहतर
निर्जन को गले लगाना
अनजाने ख़तरे बौने हो जाते हैं
सामने आए नर-राक्षसों से।

वह भागती है
बस भागती है
जब तक भाग सकती है।

फिर भी
कभी पत्थर-सी बनी वह
तो कभी उसका लुटा-पिटा पार्थिव शरीर
आता है सभ्य समाज के सामने।

क्षणिक आन्दोलन और कैंडिल मार्च
कहाँ रोक पाई हैं
भविष्य की निर्भयाएँ
भले ही गूँजती रही हैं चीख़ें
नुक्कड़ से संसद तक
जलता हुआ प्रश्न बनकर।

अन्तर्द्वंद्व

कुछ ख़ास मक़ामों से गुज़रते
मचलने लगती हैं यादें
और उनके बीच की चुप्पी
करने लगती है
स्मृतियों से गुफ़्तगू।

एक-दूसरे को देखकर दोनों
झुका लेते हैं पलकें
मानो परिचित काया में
रहने लगा हो कोई अजनबी।

असहज से दोनों
कुरेदने लगते हैं
अँगूठे से ज़मीन
मानो धरती में ढूँढ़ रहे हों
उन तालों की चाबियाँ
जो ज़ुबान पर लगने के बाद
गुम गई हो कहीं।

कभी-कभी
रिश्तों की कड़वाहट
हमारे स्वाभिमान को इतना बड़ा कर देता है

कि दिल में उबल रहा होता है तूफ़ान
मगर मुँह खोलना
मुनासिब नहीं लगता।

दादी की परी

स्वर्ग से उतरती हैं परियाँ
जिनके पास होती है जादू की छड़ी
जो करती है कमाल
बहुत सुन्दर होती हैं परियाँ
अच्छे बच्चों को देती हैं
उनकी मनपसन्द चीज़ें
छोटे बच्चों को बहुत प्यार करती हैं।

कहते-कहते दादी
हमें परीलोक में ले जाती
जिज्ञासाएँ बढ़ती जाती
बहुत सारे मासूम सवाल भी—
दादी वह धरती पर उतरती कब हैं
उनके कपड़े कैसे होते हैं
किधर छुपी होती हैं छड़ी में चीज़ें
छड़ी के बिन परियाँ क्या कमाल नहीं कर सकतीं
उसके पंख टूट जाएँ
तो क्या उड़ नहीं सकतीं
फिर तो धरती पर ही रह जाएँगी
हमेशा के लिए।

शुरू से ही
मन में कुलबुला रहा होता प्रश्न
दादी, तुमने परी को देखा है
तुमने उससे क्या माँगा?

प्रत्युत्तर में एक ठंडी आह भर दादी
देती चिरपरिचित जवाब
नहीं, मेरी दादी बताती थी
और उसे उसकी दादी
कहकर दादी मूँद लेतीं आँखें
जो संकेत होता
आज की कहानी पूरी हो जाने का।

फिर आँखें बन्द करते ही
सामने झिलमिलाने लगती
लम्बे बालों वाली
सफ़ेद चमकदार कपड़े पहने
पंखों को धीरे-धीरे हिलाती
मुस्कुराती परियाँ।

स्मृतियाँ

एक

जब भी लौटना चाहा
तुमने रोका नहीं
मगर दूर जाते क़दमों को
जकड़ लिया
तुम्हारी स्मृतियों ने।

दो

अगर आप प्रेम में हैं
हमेशा नहीं रह सकते
प्रेम आ सकता है
तो प्रेम जा भी सकता है
चयन का अधिकार सबको है

लेकिन यादें शाश्वत हैं!

तीन

जब तुम्हें गुस्से में देखती हूँ
तुम बिलकुल तुम्हारे जैसे होते हो
मगर तुम नहीं होते।

तुमने तो हरदम सँभाला है
जब भी लड़खड़ाई हूँ
माफ़ की है
मेरी हर छोटी-बड़ी ग़लती।

नहीं
क्षणिक ग़ुस्से को ओढ़े हुए
तुम सच नहीं हो
तुम तो वही सच हो
जो मेरे अंतस में हो
मन की आँखों में उभरता प्रतिबिम्ब
खुली आँखों के सत्य पर यक़ीन नहीं करता।

चार

अक्सर दुआओं में माँगा है तुम्हें
इस डर के साथ
कि सचमुच
मिल ही न जाओ तुम।

ख़्वाबों का शीशमहल
दुनियादारी के पत्थरों से
दूर ही रहे तो बेहतर है।

भागीदारी

जब कोई स्त्री प्रेम में पड़ती है
तो करती है केवल प्रेम
प्रियतम की मुस्कान पर
खोलकर रख देती है मन
प्रियतम की गति ही
बन जाती है हृदयगति।

जब कोई पुरुष प्रेम में पड़ता है
तो करते हुए प्रेम
नहीं खोल पाता मन
बनाए रखता है
लौट जाने की सम्भावनाएँ
सक्रिय रखता है मस्तिष्क।

स्त्री और पुरुष
प्रेम में अपनी भागीदारी
निभाते रहते हैं
अपने तरीक़े से
स्त्री के लिए
सब कुछ हार जाना है प्रेम
और पुरुष के लिए

स्थितियों के पार जाना है प्रेम।

कोई सब कुछ हार कर ख़ुश है
कोई सब कुछ पार कर ख़ुश है।

विदाई

कुछ विदाइयों में
नहीं होते आँसू
नहीं दिखते दुःख
नहीं किए जाते भयंकर प्रलाप।

इसका मतलब यह नहीं
कि वह विदाई सुखद या प्रतीक्षित होती है
जिससे अप्रभावित होते हैं दोनों।

मतलब यह भी हो सकता है
कि विदा करने वाला
और विदा होने वाला
समझ चुका है अपनी नियति
जान चुका है प्रारब्ध।

जानते हों दोनों जैसे
एक बूँद आँसू की धारिता
जिसमें समा जाता है
महासागरों का जल
जिसमें पत्थर भी नहीं तैरते
किसी राम के नाम से
न शेष बचता है

किसी हनुमान की भुजाओं में ऐसा बल
जो बना सके सेतु
टूटे हृदय के बीच।

मुस्कुराहटों वाली विदाइयों में भी
दरकता है बहुत कुछ
बाहर से अटल हिमालय
जैसे भीतर-ही-भीतर ख़ार हो जाता है
आँखों में सैलाब दबाए
शान्त बने रहते हैं दोनों।

इस क़दर भी हुआ करती है
कुछ आत्मिक रिश्तों में
विदाई।

इस बार राखी में

इस बार राखी में बड़ी बुआ आई हैं
दो दिन पहले ही
फ़ोन पर सभी सखियाँ सलाह कर के आई हैं शायद
तभी तो
पड़ोस की सरोज़ा बुआ, मनसा बुआ भी आ गई हैं
दो दिन पहले ही।

सुबह से ही टाट बिछा कर
बेचन दा के बग़ीचे में बैठी हैं सारी
न भूख लग रही है, न प्यास किसी को
मुहल्ले की दादी, चाची और बहुत सारी
काज-कुँवारी लड़कियाँ भी बड़े ध्यान से सुन रही हैं
किस्से-कहानियाँ।

भर-भर कर लाई हैं अपने साथ ये
घर वालों की तस्वीरें, पकवान बनाने के तरीक़े
सास-ननद-पति-बच्चों की
पसन्द-नापसन्दी के चर्चे
झूले-कजरी के गीत और
बचपन में पगडंडियों पर नंगे पाँव दौड़ने से लेकर
झुंड बनाकर
सरसों-खेसारी के साग खोंटने तक के कारनामे।

आज सरोज़ा बुआ पूरे मूड में हैं मानो
हॉर्लिक्स के डब्बे में भरकर
नीबू का खट्टा-मीठा अचार लाई हैं ससुराल से
ठेकुआ संग सबको परोसती हुई चहकती हैं—
'जंगल में मंगल कर लो सभी
फिर जाने कब संजोग मिले'
और ज़ोर से ठठा कर हँस पड़ती हैं सारी।

पास खड़ी कमली को
मनसा बुआ बड़े लाड़ से अपने पास बिठाकर
कहती हैं—
'आ बैठ जा
माय-बेटी दू जात, फुआ-भतीजी एके जात
कल तू भी परायी हो जाएगी लाली
तो ऐसे ही तरस जाएगी सखियों से मिलने को!'

आज बग़ीचे के पिकनिक में
सरोज़ा बुआ एक बार भी
अपनी बहू की शिकायत करके रोई नहीं
न मनसा बुआ ने पट्टीदारों से बँटवारे का ज़िक्र किया
बड़ी बुआ ने बच्चों के नहीं कमाने की बातें भी नहीं की
टाँग आई हों सभी
ससुराल की खूँटी पर
अपनी सारी चिन्ताएँ जैसे।

फुलवा दादी तो सबको असीसते नहीं थक रही
सुबह से ही लाठी टेक कर बैठ गई है बग़ीचे में
पोपले में हवा भर-भर कर हँसती हुई
कहती है—
'करेजा जुड़ा गया बेटियों को देखकर
कितने सालों बाद देख रही हूँ सबको एक साथ
गली अंजोर हो गया मेरा

बबुनी, हर साल दो दिन का बख़त लेकर आना।'

'वक़्त कहाँ है चाची
राखी बाँधकर उसी दिन तो लौटना है
राखी बाद ये रहने देंगे भला।'

बड़ी बुआ की यह बात
हँसने की नहीं
पर जाने क्यों हँसने लगती हैं दादी
और जाने कब तक हँसती रहती हैं
टाट पर बेतरतीब पसरी सखियाँ।

हँसी में उड़ा देना चाहती हों मानो
कल की सारी चिन्ताएँ
सुबह मैके से विदाई।